Europäische Kommission

Verordnung (EU) Nr. 717/2013 der Kommission vom 25. Juli 2013

zur Änderung der Verordnung (EU) Nr. 142/2011 bezüglich der das Tierwohl betreffenden Eintragungen in bestimmten Muster-Veterinärbescheinigungen

AP

Antiphon Verlag

Europäische Kommission

Verordnung (EU) Nr. 717/2013 der Kommission vom 25. Juli 2013

zur Änderung der Verordnung (EU) Nr. 142/2011 bezüglich der das Tierwohl betreffenden Eintragungen in bestimmten Muster-Veterinärbescheinigungen

1. Auflage 2026 | ISBN: 978-3-38798-716-4

Antiphon Verlag ist ein Imprint der Antiquum Novum Verlag.

Verlag: Antiquum Novum Verlag UG (haftungsbeschränkt), Im Erlengrund 6a, 35510 Butzbach, Deutschland,
info@antiquum-novum.de
Vertretungsberechtigt: E. Roepke, Zeilweg 44, 60439 Frankfurt, Deutschland
Druck: Libri Plureos GmbH, Friedensallee 273, 22763 Hamburg, Deutschland

VERORDNUNG (EU) Nr. 717/2013 DER KOMMISSION

vom 25. Juli 2013

zur Änderung der Verordnung (EU) Nr. 142/2011 bezüglich der das Tierwohl betreffenden Eintragungen in bestimmten Muster-Veterinärbescheinigungen

(Text von Bedeutung für den EWR)

DIE EUROPÄISCHE KOMMISSION —

gestützt auf den Vertrag über die Arbeitsweise der Europäischen Union,

gestützt auf die Verordnung (EG) Nr. 1069/2009 des Europäischen Parlaments und des Rates vom 21. Oktober 2009 mit Hygienevorschriften für nicht für den menschlichen Verzehr bestimmte tierische Nebenprodukte und zur Aufhebung der Verordnung (EG) Nr. 1774/2002 (Verordnung über tierische Nebenprodukte) ([1]), insbesondere auf Artikel 42 Absatz 2 Buchstabe d Unterabsatz 1,

in Erwägung nachstehender Gründe:

(1) In der Verordnung (EU) Nr. 142/2011 der Kommission vom 25. Februar 2011 zur Durchführung der Verordnung (EG) Nr. 1069/2009 des Europäischen Parlaments und des Rates mit Hygienevorschriften für nicht für den menschlichen Verzehr bestimmte tierische Nebenprodukte sowie zur Durchführung der Richtlinie 97/78/EG des Rates hinsichtlich bestimmter gemäß der genannten Richtlinie von Veterinärkontrollen an der Grenze befreiter Proben und Waren ([2]) ist festgelegt, dass Sendungen mit tierischen Nebenprodukten und Folgeprodukten, die in die EU eingeführt werden oder diese durchqueren, Veterinärbescheinigungen nach den im Anhang XV der genannten Verordnung aufgeführten Mustern beiliegen müssen.

(2) In bestimmten Musterbescheinigungen in Anhang XV der Verordnung (EU) Nr. 142/2011 ist vorgesehen, dass der amtliche Tierarzt/die amtliche Tierärztin die Einhaltung der in der Richtlinie 93/119/EG des Rates vom 22. Dezember 1993 über den Schutz von Tieren zum Zeitpunkt der Schlachtung oder Tötung ([3]) enthaltenen Tierschutzvorschriften bescheinigt.

(3) Die Richtlinie 93/119/EG wurde durch die Verordnung (EG) Nr. 1099/2009 des Rates vom 24. September 2009 über den Schutz von Tieren zum Zeitpunkt der Tötung ([4]) aufgehoben und ersetzt. Die Verordnung (EG) Nr. 1099/2009 gilt seit dem 1. Januar 2013.

(4) Der Klarheit halber sollten die Erklärungen zum Tierschutz in den Muster-Veterinärbescheinigungen in Anhang XV Kapitel 3(D), Anhang XV Kapitel 3(F) Nummer II.1.3 Buchstabe b Ziffer iv und Anhang XV Kapitel 8 Nummer II.2.2 Buchstabe b Ziffer iv der Verordnung (EU) Nr. 142/2011 aktualisiert werden.

(5) Zur Vermeidung von Handelsstörungen sollte die Verwendung von Bescheinigungen, die vor dem Inkrafttreten der vorliegenden Verordnung gemäß der Verordnung (EU) Nr. 142/2011 ausgestellt wurden, während einer Übergangsfrist weiterhin zugelassen werden.

(6) Die in dieser Verordnung vorgesehenen Maßnahmen entsprechen der Stellungnahme des Ständigen Ausschusses für die Lebensmittelkette und Tiergesundheit und weder das Europäische Parlament noch der Rat haben ihnen widersprochen —

HAT FOLGENDE VERORDNUNG ERLASSEN:

Artikel 1

Anhang XV der Verordnung (EU) Nr. 142/2011 wird gemäß dem Anhang dieser Verordnung geändert.

Artikel 2

Während einer Übergangsfrist bis zum 31. Januar 2014 dürfen Sendungen mit Erzeugnissen tierischen Ursprungs, denen eine vor dem 1. Dezember 2013 gemäß einem der Muster in Anhang XV der Verordnung (EU) Nr. 142/2011 vor den mit der vorliegenden Verordnung eingeführten Änderungen ausgestellte Bescheinigung beiliegt, weiterhin in die Union eingeführt werden.

Artikel 3

Diese Verordnung tritt am zwanzigsten Tag nach ihrer Veröffentlichung im *Amtsblatt der Europäischen Union* in Kraft.

Sie gilt ab dem 1. Dezember 2013.

Diese Verordnung ist in allen ihren Teilen verbindlich und gilt unmittelbar in jedem Mitgliedstaat.

Brüssel, den 25. Juli 2013

Für die Kommission
Der Präsident
José Manuel BARROSO

([1]) ABl. L 300 vom 14.11.2009, S. 1.
([2]) ABl. L 54 vom 26.2.2011, S. 1.
([3]) ABl. L 340 vom 31.12.1993, S. 21.
([4]) ABl. L 303 vom 18.11.2009, S. 1.

ANHANG

Anhang XV der Verordnung (EU) Nr. 142/2011 wird wie folgt geändert:

1) Kapitel 3(D) erhält folgende Fassung:

„KAPITEL 3(D)

Veterinärbescheinigung

für die Einfuhr in oder die Durchfuhr durch [2] *die Europäische Union von rohem Heimtierfutter zur Abgabe an den Endverbraucher oder von tierischen Nebenprodukten zur Verfütterung an Pelztiere*

LAND **Veterinärbescheinigung für die Einfuhr in die EU**

Teil I: Angaben zur Sendung

I.1. Absender
Name
Anschrift
Tel.

I.2. Bezugsnr. der Bescheinigung

I.2.a.

I.3. Zuständige oberste Behörde

I.4. Zuständige örtliche Behörde

I.5. Empfänger
Name
Anschrift
Postleitzahl
Tel.

I.6. In der EU für die Sendung verantwortliche Person
Name
Anschrift
Postleitzahl
Tel.

I.7. Ursprungsland ISO-Code

I.8. Ursprungsregion Code

I.9. Bestimmungsland ISO-Code

I.10. Bestimmungsregion Code

I.11. Ursprungsort
Name Zulassungsnummer
Anschrift
Name Zulassungsnummer
Anschrift
Name Zulassungsnummer
Anschrift

I.12. Bestimmungsort
Name Zolllager ☐
Anschrift Zulassungsnummer
Postleitzahl

I.13. Verladeort

I.14. Datum des Abtransports

I.15. Transportmittel
Flugzeug ☐ Schiff ☐ Eisenbahnwaggon ☐
Straßenfahrzeug ☐ Sonstige ☐
Identifikation
Bezugsdokumente

I.16. Eingangsgrenzkontrollstelle

I.17.

I.18. Beschreibung der Ware

I.19. Warencode (HS-Code)

I.20. Menge

I.21. Erzeugnistemperatur
Umgebungstemperatur ☐ Gekühlt ☐ Gefroren ☐

I.22. Anzahl Packstücke

I.23. Plomben-/Containernummer

I.24. Art der Verpackung

I.25. Waren zertifiziert für
Tierfutter ☐ Technische Verwendung: ☐

I.26. Für Durchfuhr durch die EU in ein Drittland ☐
Drittland ISO-Code

I.27. Für Einfuhr in die EU oder Zulassung ☐

I.28. Kennzeichnung der Waren

Art (Wissenschaftliche Bezeichnung)	Art der Ware	Zulassungsnummer des Betriebs Herstellungsbetrieb	Nettogewicht	Chargennummer

LAND

Rohes Heimtierfutter zur Abgabe an den Endverbraucher oder tierische Nebenprodukte zur Verfütterung an Pelztiere

Teil II: Bescheinigung

II.	**Gesundheitsinformationen**	II.a. Bezugsnr. der Bescheinigung	II.b.

Der unterzeichnete amtliche Tierarzt/Die unterzeichnete amtliche Tierärztin bescheinigt in Kenntnis der Verordnung (EG) Nr. 1069/2009 des Europäischen Parlaments und des Rates ([1a]), insbesondere des Artikels 10, sowie der Verordnung (EU) Nr. 142/2011 der Kommission ([1b]), insbesondere des Anhangs XIII Kapitel II und des Anhangs XIV Kapitel II, dass das vorstehend bezeichnete rohe Heimtierfutter bzw. die vorstehend bezeichneten tierischen Nebenprodukte folgende Bedingungen erfüllt/erfüllen:

II.1. Es besteht/sie bestehen aus tierischen Nebenprodukten, welche die nachstehenden Gesundheitsvorschriften erfüllen.

II.2. Es besteht/sie bestehen aus tierischen Nebenprodukten, die

a) aus Fleisch gewonnen wurden, das die einschlägigen Vorschriften zum Schutz der Gesundheit von Mensch und Tier erfüllt, die festgelegt sind in

— der Verordnung (EU) Nr. 206/2010 der Kommission ([3]), sofern die Tiere, aus denen das Fleisch gewonnen wurde, aus den Drittländern, Gebieten oder Teilen eines Gebietes .... (ISO-Code für Länder, Codes für Gebiete oder Teile von Gebieten) stammen, in denen seit 12 Monaten kein Fall von Maul- und Klauenseuche, Rinderpest, klassischer oder afrikanischer Schweinepest oder vesikulärer Schweinekrankheit gemeldet wurde und in denen in diesem Zeitraum gegen keine dieser Krankheiten geimpft wurde (nur insofern dies für die empfänglichen Arten von Bedeutung ist);

— und/oder der Verordnung (EG) Nr. 798/2008 der Kommission ([4]), sofern die Tiere, aus denen das Fleisch gewonnen wurde, aus Drittländern, Gebieten oder Teilen eines Gebietes .... (ISO-Code für Länder, Codes für Gebiete oder Teile von Gebieten) stammen, die in der genannten Verordnung aufgeführt sind und in denen seit 12 Monaten kein Fall von Newcastle-Krankheit oder Aviärer Influenza gemeldet wurde;

— und/oder der Verordnung (EG) Nr. 119/2009 ([5]), sofern die Tiere, aus denen das Fleisch gewonnen wurde, aus Drittländern, Gebieten oder Teilen eines Gebietes .... (ISO-Code für Länder, Codes für Gebiete oder Teile von Gebieten) stammen, die in der genannten Verordnung aufgeführt sind und in denen seit 12 Monaten kein Fall von Maul- und Klauenseuche, Rinderpest, klassischer oder afrikanischer Schweinepest, vesikulärer Schweinekrankheit, Newcastle-Krankheit oder Aviärer Influenza gemeldet wurde und in denen in diesem Zeitraum gegen keine dieser Krankheiten geimpft wurde (nur insofern dies für die empfänglichen Arten von Bedeutung ist);

b) von Tieren stammen, die im Schlachthof in den letzten 24 Stunden vor der Schlachtung der Schlachttieruntersuchung unterzogen wurden und dabei keine Anzeichen der in den unter Buchstabe a genannten Verordnungen aufgeführten Krankheiten, für die die Tiere empfänglich sind, zeigten; und

c) von Tieren stammen, die im Schlachthof vor und zum Zeitpunkt der Schlachtung oder Tötung gemäß den einschlägigen Bestimmungen des Unionsrechts behandelt wurden und Anforderungen entsprachen, die den in den Kapiteln II und III der Verordnung (EG) Nr. 1099/2009 des Rates festgelegten Anforderungen mindestens gleichwertig sind; oder

d) im Fall von aus Wassertieren gewonnenen Futtermitteln für Pelztiere, die den einschlägigen Vorschriften zum Schutz der Gesundheit von Mensch und Tier genügen, die in der Entscheidung 2006/766/EG der Kommission ([6]) niedergelegt sind, aus Ländern oder Gebieten von Ländern .... (ISO-Code) stammen, die in Anhang II der genannten Entscheidung aufgeführt sind.

II.3.1. Es besteht/sie bestehen ausschließlich aus folgenden tierischen Nebenprodukten:

a) Schlachtkörper und Teile von geschlachteten Tieren oder im Fall von Wild, ganze Körper oder Teile von toten Tieren, die gemäß den Vorschriften der Union genusstauglich, jedoch aus kommerziellen Gründen nicht zum menschlichen Verzehr bestimmt sind; und

b) Schlachtkörperteile, die als genussuntauglich abgelehnt werden, jedoch keine Anzeichen einer auf Mensch oder Tier übertragbaren Krankheit zeigen und von Schlachtkörpern stammen, die nach dem Recht der Union genusstauglich sind.

II.3.2. Im Fall von Futtermitteln für Pelztiere besteht es/bestehen sie zusätzlich zu den unter II.3.1 genannten auch aus folgenden tierischen Nebenprodukten:

([2]) *entweder* [- tierische Nebenprodukte von Geflügel und Hasenartigen, die gemäß Artikel 1 Absatz 3 Buchstabe d der Verordnung (EG) Nr. 853/2004 in einem landwirtschaftlichen Betrieb geschlachtet wurden und die keine Anzeichen von auf Mensch oder Tier übertragbaren Krankheiten aufwiesen;]

([2]) *und/oder* [- Blut von Tieren, die keine Anzeichen einer durch Blut auf Mensch oder Tier übertragbaren Krankheit aufwiesen, von Tieren außer Wiederkäuern, die in einem Schlachthof geschlachtet wurden, nachdem sie nach einer Schlachttieruntersuchung gemäß dem Unionsrecht als zum menschlichen Verzehr schlachttauglich eingestuft wurden;]

([2]) *und/oder* [- tierische Nebenprodukte, die bei der Gewinnung von für den menschlichen Verzehr bestimmten Produkten angefallen sind, einschließlich entfetteter Knochen und Grieben und Zentrifugen- oder Separatorenschlamm aus der Milchverarbeitung;]

([2]) *und/oder* [- Erzeugnisse tierischen Ursprungs oder Lebensmittel, die Produkte tierischen Ursprungs enthalten, die aus kommerziellen Gründen oder aufgrund von Herstellungs- oder Verpackungsmängeln oder Mängeln, von denen keine Gefahr für die Gesundheit von Mensch oder Tier ausgeht, nicht mehr zum menschlichen Verzehr bestimmt sind;]

([2]) *und/oder* [- Heimtierfutter und Futtermittel tierischen Ursprungs oder Futtermittel, die tierische Nebenprodukte oder Folgeprodukte enthalten, die aus kommerziellen Gründen oder aufgrund von Herstellungs- oder Verpackungsmängeln oder anderen Mängeln, von denen keine Gefahr für die Gesundheit von Mensch oder Tier ausgeht, nicht mehr für die Fütterung bestimmt sind;]

([2]) *und/oder* [- Blut, Plazenta, Wolle, Federn, Haare, Hörner, Abfall vom Hufausschnitt und Rohmilch von lebenden Tieren, die keine Anzeichen von durch dieses Produkt auf Mensch oder Tier übertragbaren Krankheiten aufwiesen;]

([2]) *und/oder* [- Wassertiere außer Meeressäugetiere, und Teile von solchen, die keine Anzeichen einer auf Mensch oder Tier übertragbaren Krankheit aufwiesen;]

LAND

Rohes Heimtierfutter zur Abgabe an den Endverbraucher oder tierische Nebenprodukte zur Verfütterung an Pelztiere

II. **Gesundheitsinformationen**	II.a. Bezugsnr. der Bescheinigung	II.b.

(2) *und/oder* [- tierische Nebenprodukte von Wassertieren aus Betrieben oder Anlagen, die Produkte zum menschlichen Verzehr herstellen;]

(2) *und/oder* [- folgendes Material von Tieren, die keine Anzeichen von durch dieses Material auf Mensch oder Tier übertragbaren Krankheiten aufwiesen:

i) Schalen von Weich- und Krebstieren mit weichem Gewebe oder Fleisch;

ii) folgendes Material von Landtieren:

— Brütereinebenprodukte,

— Eier,

— Ei-Nebenprodukte, einschließlich Eierschalen,

iii) aus kommerziellen Gründen getötete Eintagsküken;]

(2) *und/oder* [- tierische Nebenprodukte von wirbellosen Wasser- oder Landtieren, ausgenommen für Mensch oder Tier krankheitserregende Arten;]

(2) *und/oder* [- Tieren und Teilen von Tieren der zoologischen Ordnungen Rodentia und Hasenartige, außer Material der Kategorie 1 gemäß Artikel 8 Buchstabe a Ziffern iii, iv und v der Verordnung (EG) Nr. 1069/2009 und Material der Kategorie 2 gemäß Artikel 9 Buchstaben a bis g der genannten Verordnung.].

II.4. Es/sie wurde(n) gewonnen und verarbeitet, ohne in Berührung mit anderem Material zu kommen, das nicht den Vorschriften der Verordnung (EG) Nr. 1069/2009 entspricht, und bei der Handhabung wurde eine Kontamination mit Krankheitserregern vermieden.

II.5. Es/sie wurde(n) in Endverpackungen verpackt, die die Aufschrift „ROHES HEIMTIERFUTTER – NICHT ZUM MENSCHLICHEN VERZEHR" oder „TIERISCHE NEBENPRODUKTE ZUR VERFÜTTERUNG AN PELZTIERE – NICHT ZUM MENSCHLICHEN VERZEHR" tragen, und anschließend in lecksichere, amtlich versiegelte Kisten/Behälter oder in neue lecksichere Verpackungen und amtlich versiegelte Kisten/Behälter verpackt, die die Aufschrift „ROHES HEIMTIERFUTTER – NICHT ZUM MENSCHLICHEN VERZEHR" oder „TIERISCHE NEBENPRODUKTE ZUR VERFÜTTERUNG AN PELZTIERE – NICHT ZUM MENSCHLICHEN VERZEHR", tragen und mit dem Namen und der Anschrift des Bestimmungsbetriebs versehen sind;

im Fall rohen Heimtierfutters:

a) es wurde in einer von der zuständigen Behörde gemäß Artikel 24 der Verordnung (EG) Nr. 1069/2009 zugelassenen und überwachten Anlage hergestellt und gelagert, und

b) es wurde anhand einer Stichprobe von mindestens 5 Proben aus jeder Charge, gezogen während der Lagerung (vor dem Versand), auf Konformität mit folgenden Normen geprüft (7):

Salmonellen: in 25 g nicht nachweisbar: n=5, c=0, m=0, M=0,

Enterobacteriaceae: n=5, c=2, m=10, M=5000 in 1 g.

II.7.

(2) *entweder* [Das Produkt enthält weder spezifiziertes Risikomaterial im Sinne des Anhangs V der Verordnung (EG) Nr. 999/2001 des Europäischen Parlaments und des Rates (8) noch Separatorenfleisch von Knochen von Rindern, Schafen oder Ziegen und wurde auch nicht aus solchem Material oder solchem Fleisch gewonnen, und die Tiere, von denen dieses Produkt stammt, wurden weder nach Betäubung durch Gasinjektion in die Schädelhöhle geschlachtet noch nach demselben Verfahren getötet und wurden auch nicht durch Zerstörung von zentralem Nervengewebe durch Einführung eines konischen Stahlstabs in die Schädelhöhle geschlachtet.]

(2) *oder* [Das Produkt enthält ausschließlich Material bzw. wurde ausschließlich hergestellt aus Material von Rindern, Schafen oder Ziegen, die in einem Land oder einem Gebiet geboren, ununterbrochen aufgezogen und geschlachtet wurden, das mit einer Entscheidung nach Artikel 5 Absatz 2 der Verordnung (EG) Nr. 999/2001 als Land bzw. Gebiet mit vernachlässigbarem BSE-Risiko eingestuft worden ist.]

II.8. Außerdem gilt in Bezug auf TSE:

(2) *entweder* [Im Fall tierischer Nebenprodukte, die zur Fütterung von Wiederkäuern bestimmt sind und Milch oder Milcherzeugnisse von Schafen oder Ziegen enthalten, wurden die Schafe und Ziegen, von denen die Produkte gewonnen wurden, seit ihrer Geburt oder in den letzten drei Jahren ununterbrochen in einem Betrieb gehalten, für den kein amtliches Verbringungsverbot aufgrund eines TSE-Verdachts gilt und der seit drei Jahren folgende Anforderungen erfüllt:

i) er wird regelmäßig amtlichen Veterinärkontrollen unterzogen;

ii) es wurde kein Fall der klassischen Traberkrankheit/Scrapie im Sinne des Anhangs I Nummer 2 Buchstabe g der Verordnung (EG) Nr. 999/2001 festgestellt, oder nach Bestätigung eines Falls der klassischen Traberkrankheit/Scrapie

— wurden alle Tiere, bei denen die klassische Traberkrankheit/Scrapie bestätigt wurde, getötet und beseitigt und

— wurden alle Schafe und Ziegen des Betriebs getötet und beseitigt, mit Ausnahme der männlichen Zuchttiere des Genotyps ARR/ARR und der weiblichen Zuchttiere mit mindestens einem ARR-Allel und ohne VRQ-Allel;

iii) Schafe und Ziegen, mit Ausnahme von Schafen des Prion-Genotyps ARR/ARR, werden in den Betrieb nur dann aufgenommen, wenn sie von einem Betrieb stammen, der die in den Ziffern i und ii genannten Anforderungen erfüllt.]

LAND		Rohes Heimtierfutter zur Abgabe an den Endverbraucher oder tierische Nebenprodukte zur Verfütterung an Pelztiere	
II.	**Gesundheitsinformationen**	II.a. Bezugsnr. der Bescheinigung	II.b.

([2]) *oder* [Im Fall tierischer Nebenprodukte, die zur Fütterung von Wiederkäuern und für einen im Anhang der Verordnung (EG) Nr. 546/2006 der Kommission ([9]) aufgeführten Mitgliedstaat bestimmt sind und Milch oder Milcherzeugnisse von Schafen oder Ziegen enthalten, wurden die Schafe und Ziegen, von denen die Produkte gewonnen wurden, seit ihrer Geburt oder in den letzten sieben Jahren ununterbrochen in einem Betrieb gehalten, für den kein amtliches Verbringungsverbot aufgrund eines TSE-Verdachts gilt und der seit sieben Jahren folgende Anforderungen erfüllt:

i) er wird regelmäßig amtlichen Veterinärkontrollen unterzogen;

ii) es wurde kein Fall der klassischen Traberkrankheit/Scrapie im Sinne des Anhangs I Nummer 2 Buchstabe g der Verordnung (EG) Nr. 999/2001 festgestellt, oder nach Bestätigung eines Falls der klassischen Traberkrankheit/Scrapie

— wurden alle Tiere, bei denen die klassische Traberkrankheit/Scrapie bestätigt wurde, getötet und beseitigt und

— wurden alle Schafe und Ziegen des Betriebs getötet und beseitigt, mit Ausnahme der männlichen Zuchttiere des Genotyps ARR/ARR und der weiblichen Zuchttiere mit mindestens einem ARR-Allel und ohne VRQ-Allel;

iii) Schafe und Ziegen, mit Ausnahme von Schafen des Prion-Genotyps ARR/ARR, werden in den Betrieb nur dann aufgenommen, wenn sie von einem Betrieb stammen, der die in den Ziffern i und ii genannten Anforderungen erfüllt.]

Erläuterungen

Teil I:

— Feld I.6 (In der Europäischen Union für die Sendung verantwortliche Person): Dieses Feld ist nur bei Durchfuhrwaren auszufüllen; bei Einfuhrwaren kann es ausgefüllt werden.

— Feld I.12 (Bestimmungsort): Dieses Feld ist nur bei Durchfuhrwaren auszufüllen. Die Durchfuhrwaren dürfen ausschließlich in Freizonen, Freilagern und Zolllagern gelagert werden.

— Feld I.15: Zulassungsnummer (Eisenbahnwaggons/Container und LKW), Flugnummer (Flugzeug) oder Namen (Schiff) angeben. Im Fall des Entladens und Umladens muss der Absender die Eingangsgrenzkontrollstelle darüber informieren.

— Feld I.19: Den betreffenden HS-Code angeben: 05.11.

— Feld I.23: Im Falle der Beförderung in Massencontainern sind die Containernummer und (ggf.) die Plombennummer anzugeben.

— Feld I.25: Technische Verwendung: Jede andere Verwendung außer als Tierfutter.

— Felder I.26 und I.27: Machen Sie die entsprechenden Angaben je nachdem, ob es sich um eine Durchfuhr- oder eine Einfuhrbescheinigung handelt.

— Feld I.28

(Art des Erzeugnisses): Wählen Sie aus zwischen rohem Heimtierfutter und tierischem Nebenprodukt.

Bei Rohmaterial für die Herstellung rohen Heimtierfutters wissenschaftliche Bezeichnung der Tierart angeben.

Bei Rohmaterial für die Herstellung von Pelztierfutter bitte auswählen: Aves, Ruminantia, Mammalia außer Ruminantia, Pesca, Mollusca, Crustacea, Invertebrata.

Teil II:

([1a]) ABl. L 300 vom 14.11.2009, S. 1.

([1b]) ABl. L 54 vom 26.2.2011, S. 1.

([2]) Nichtzutreffendes streichen.

([3]) ABl. L 73 vom 20.3.2010, S. 1.

([4]) ABl. L 226 vom 23.8.2008, S. 1.

([5]) ABl. L 39 vom 10.2.2009, S. 12.

LAND		Rohes Heimtierfutter zur Abgabe an den Endverbraucher oder tierische Nebenprodukte zur Verfütterung an Pelztiere	
II.	**Gesundheitsinformationen**	II.a. Bezugsnr. der Bescheinigung	II.b.

(6) ABl. L 320 vom 18.11.2006, S. 53.

(7) Dabei gilt:

n = Anzahl der zu untersuchenden Proben;

m = Schwellenwert für die Keimzahl; das Ergebnis gilt als zufriedenstellend, wenn die Keimzahl in allen Proben m nicht überschreitet;

M = Höchstwert für die Keimzahl; das Ergebnis gilt als nicht zufriedenstellend, wenn die Keimzahl in einer oder mehreren Proben größer oder gleich M ist; und

c = Anzahl der Proben, bei denen die Keimzahl zwischen m und M liegen kann, wobei die Probe noch als zulässig gilt, wenn die Keimzahl in den anderen Proben m oder weniger beträgt.

(8) ABl. L 147 vom 31.5.2001, S. 1.

(9) ABl. L 94 vom 1.4.2006, S. 28.

— Unterschrift und Stempel müssen sich farblich von der Druckfarbe der Bescheinigung unterscheiden.

— Hinweis für die in der Europäischen Union für die Sendung verantwortliche Person: Diese Bescheinigung dient ausschließlich Veterinärzwecken und muss die Sendung bis zur Grenzkontrollstelle begleiten.

Amtlicher Tierarzt/Amtliche Tierärztin bzw. amtlicher Inspektor/amtliche Inspektorin

Name (in Großbuchstaben): Qualifikation und Amtsbezeichnung:

Datum: Unterschrift:“

Stempel:

(2) Kapitel 3(F) erhält folgende Fassung:

„KAPITEL 3(F)

Veterinärbescheinigung

für die Einfuhr in oder die Durchfuhr durch (2) die Europäische Union von tierischen Nebenprodukten (3) zur Verwendung bei der Herstellung von Heimtierfutter

LAND **Veterinärbescheinigung für die Einfuhr in die EU**

Teil I: Angaben zur Sendung

I.1. Absender Name Anschrift Tel.	I.2. Bezugsnr. der Bescheinigung I.2.a. I.3. Zuständige oberste Behörde I.4. Zuständige örtliche Behörde
I.5. Empfänger Name Anschrift Postleitzahl Tel.	I.6. In der EU für die Sendung verantwortliche Person Name Anschrift Postleitzahl Tel.
I.7. Ursprungsland ISO-Code I.8. Ursprungsregion Code	I.9. Bestimmungsland ISO-Code I.10. Bestimmungsregion Code
I.11. Ursprungsort Name Zulassungsnummer Anschrift Name Zulassungsnummer Anschrift Name Zulassungsnummer Anschrift	I.12. Bestimmungsort Name Zolllager ☐ Anschrift Zulassungsnummer Postleitzahl
I.13. Verladeort	I.14. Datum des Abtransports
I.15. Transportmittel Flugzeug ☐ Schiff ☐ Eisenbahnwaggon ☐ Straßenfahrzeug ☐ Sonstige ☐ Identifikation Bezugsdokumente	I.16. Eingangsgrenzkontrollstelle I.17.
I.18. Beschreibung der Ware	I.19. Warencode (HS-Code) I.20. Menge
I.21. Erzeugnistemperatur Umgebungstemperatur ☐ Gekühlt ☐ Gefroren ☐	I.22. Anzahl Packstücke
I.23. Plomben-/Containernummer	I.24. Art der Verpackung
I.25. Waren zertifiziert für Technische Verwendung ☐	
I.26. Für Durchfuhr durch die EU in ein Drittland ☐ Drittland ISO-Code	I.27. Für Einfuhr in die EU oder Zulassung ☐

I.28. Kennzeichnung der Waren

Art (Wissenschaftliche Bezeichnung)	Art der Ware	Zulassungsnummer des Betriebs Herstellungsbetrieb	Anzahl Packstücke	Nettogewicht	Chargennummer

LAND

Tierische Nebenprodukte zur Verwendung bei der Herstellung von Heimtierfutter

Teil II: Bescheinigung

II.	**Gesundheitsinformationen**	II.a. Bezugsnr. der Bescheinigung	II.b.

Der unterzeichnete amtliche Tierarzt/Die unterzeichnete amtliche Tierärztin bescheinigt in Kenntnis der Verordnung (EG) Nr. 1069/2009 des Europäischen Parlaments und des Rates ([1a]) und der Verordnung (EU) Nr. 142/2011 der Kommission ([1b]), insbesondere des Anhangs XIV Kapitel II, dass die vorstehend bezeichneten tierischen Nebenprodukte folgende Bedingungen erfüllen:

II.1.1. Sie bestehen aus tierischen Nebenprodukten, welche die nachstehenden Tiergesundheitsvorschriften erfüllen;

II.1.2. sie wurden im Gebiet von .... ([1c]) aus Tieren gewonnen, die

([2]) *entweder* [(a) seit der Geburt oder mindestens während der letzten drei Monate vor der Schlachtung in diesem Gebiet lebten;]

([2]) *oder* [(b) als freilebendes Wild in diesem Gebiet getötet wurden ([1d]);]

II.1.3. sie wurden aus Tieren gewonnen, die

([2]) *entweder* [(a) aus Betrieben stammen,

i) in denen keine Fälle/Ausbrüche der nachstehenden Krankheiten, für die die Tiere empfänglich sind, aufgetreten sind: während der letzten 30 Tage Rinderpest, vesikuläre Schweinekrankheit, Newcastle-Krankheit oder hochpathogene Aviäre Influenza bzw. während der letzten 40 Tage klassische oder afrikanische Schweinepest; wobei diese Krankheiten auch in den Betrieben in einem Umkreise von 10 km in den letzten 30 Tagen nicht aufgetreten sind, und

ii) in denen während der vorangegangenen 60 Tage keine Fälle/Ausbrüche von Maul- und Klauenseuche aufgetreten sind, wobei diese Krankheit auch in den Betrieben in einem Umkreis von 25 km in den letzten 30 Tagen nicht aufgetreten ist, und

b) die

i) nicht im Rahmen eines Seuchentilgungsprogramms getötet wurden;

ii) mindestens 40 Tage vor der Versendung im Ursprungsbetrieb waren und ohne Kontakt mit anderen Tieren, die nicht denselben Gesundheitsbedingungen unterlagen, direkt zum Schlachthof befördert wurden;

iii) im Schlachthof in den letzten 24 Stunden vor der Schlachtung der Schlachttieruntersuchung unterzogen wurden und dabei keine Anzeichen der oben genannten Krankheiten, für die die Tiere empfänglich sind, zeigten, und

iv) im Schlachthof vor und zum Zeitpunkt der Schlachtung oder Tötung gemäß den einschlägigen Bestimmungen des Unionsrechts behandelt wurden und Anforderungen entsprachen, die den in den Kapiteln II und III der Verordnung (EG) Nr. 1099/2009 des Rates festgelegten Anforderungen mindestens gleichwertig sind;]

([2]) *oder* [(a) als freilebendes Wild gefangen und getötet wurden in einem Gebiet,

i) in dem in einem Umkreis von 25 km keine Fälle/Ausbrüche der nachstehenden Krankheiten, für die die Tiere empfänglich sind, aufgetreten sind: während der letzten 30 Tage Maul- und Klauenseuche, Rinderpest, Newcastle-Krankheit oder hochpathogene Aviäre Influenza bzw. während der letzten 40 Tage klassische oder afrikanische Schweinepest, und

ii) das in einer Entfernung von mehr als 20 km zur Grenze mit einem anderen Land oder Gebiet eines Landes liegt, das zu den genannten Zeitpunkten nicht über eine Genehmigung zur Ausfuhr dieses Materials in die Europäische Union verfügt, und

b) nach der Tötung innerhalb von 12 Stunden zur Kühlung entweder zu einer Sammelstelle und unmittelbar danach zu einem Wildverarbeitungsbetrieb oder direkt zu einem Wildverarbeitungsbetrieb befördert wurden;]

II.1.4. sie wurden in einem Betrieb gewonnen, um den herum in einem Umkreis von 10 km in den letzten 30 Tagen kein Fall/Ausbruch der unter II.1.3. genannten Krankheiten, für die die Tiere empfänglich sind, aufgetreten ist, oder für den, falls eine solche Krankheit aufgetreten ist, die Verarbeitung von Rohmaterial zur Ausfuhr in die Europäische Union nur nach Entfernung allen Fleischs und der vollständigen Reinigung und Desinfizierung des Betriebs unter Aufsicht eines amtlichen Tierarztes genehmigt wurde;

II.1.5. sie wurden gewonnen und verarbeitet, ohne in Berührung mit anderem Material zu kommen, das nicht den vorstehend genannten Vorschriften entspricht, und bei der Handhabung wurde eine Kontamination mit Krankheitserregern vermieden;

II.1.6. sie wurden in neuen lecksicheren Verpackungen und in amtlich versiegelten Behältern verpackt, die die Aufschrift „ROHMATERIAL AUSSCHLIESSLICH ZUR HERSTELLUNG VON HEIMTIERFUTTER“, sowie den Namen und die Anschrift des Bestimmungsbetriebs in der EU tragen;

II.1.7. sie bestehen ausschließlich aus folgenden tierischen Nebenprodukten:

([2]) *entweder* [- Schlachtkörper und Teile von geschlachteten Tieren oder im Fall von Wild ganze Körper oder Teile von toten Tieren, die gemäß den Vorschriften der Union genusstauglich, jedoch aus kommerziellen Gründen nicht zum menschlichen Verzehr bestimmt sind;]

LAND		Tierische Nebenprodukte zur Verwendung bei der Herstellung von Heimtierfutter	
II.	Gesundheitsinformationen	II.a. Bezugsnr. der Bescheinigung	II.b.

(2) *und/oder* [- Schlachtkörper und folgende Teile, die entweder von Tieren stammen, die in einem Schlachthof geschlachtet und nach einer Schlachttieruntersuchung als zum menschlichen Verzehr schlachttauglich eingestuft wurden oder ganze Körper und folgende Tierteile, die von Wild stammen, das gemäß den Vorschriften der Union zum menschlichen Verzehr getötet wurde:

i) Schlachtkörper oder ganze Körper und Teile von Tieren, die gemäß den Vorschriften der Union als genussuntauglich zurückgewiesen wurden, jedoch keine Anzeichen von auf Mensch oder Tier übertragbaren Krankheiten aufwiesen;

ii) Geflügelköpfe;

iii) Häute und Felle, einschließlich Zuputzabschnitte und Spalt, Hörner und Füße, einschließlich Zehenknochen sowie Carpus- und Metacarpusknochen, Tarsus- und Metatarsusknochen von anderen Tieren als Wiederkäuern;

iv) Schweinsborsten;

v) Federn;]

(2) *und/oder* [- tierische Nebenprodukte, die bei der Gewinnung von für den menschlichen Verzehr bestimmten Produkten angefallen sind, einschließlich entfetteter Knochen und Grieben und Zentrifugen- oder Separatorenschlamm aus der Milchverarbeitung;]

(2) *und/oder* [- Produkte tierischen Ursprungs oder Lebensmittel, die Produkte tierischen Ursprungs enthalten, die aus kommerziellen Gründen oder aufgrund von Herstellungs- oder Verpackungsmängeln oder Mängeln, von denen keine Gefahr für die Gesundheit von Mensch oder Tier ausgeht, nicht mehr zum menschlichen Verzehr bestimmt sind;]

(2) *und/oder* [- Wassertiere außer Meeressäugetiere und Teile von solchen, die keine Anzeichen einer auf Mensch oder Tier übertragbaren Krankheit aufwiesen;]

(2) *und/oder* [- tierische Nebenprodukte von Wassertieren aus Betrieben oder Anlagen, die Produkte zum menschlichen Verzehr herstellen;]

(2) *und/oder* [- folgendes Material von Tieren, die keine Anzeichen von durch dieses Material auf Mensch oder Tier übertragbaren Krankheiten aufwiesen:

i) Schalen von Weich- und Krebstieren mit weichem Gewebe oder Fleisch;

ii) folgendes Material von Landtieren:

— Brütereinebenprodukte,

— Eier,

— Ei-Nebenprodukte, einschließlich Eierschalen,

iii) aus kommerziellen Gründen getötete Eintagsküken;]

(2) *und/oder* [- tierische Nebenprodukte von wirbellosen Wasser- oder Landtieren, ausgenommen für Mensch oder Tier krankheitserregende Arten;]

(2) *und/oder* [- Material von Tieren, die mit bestimmten gemäß der Richtlinie 96/22/EG verbotenen Stoffen behandelt wurden, und dessen Einfuhr gemäß Artikel 35 Buchstabe a Ziffer ii der Verordnung (EG) Nr. 1069/2009 gestattet ist.]

II.1.8. sie wurden im Ursprungsbetrieb tiefgefroren oder gemäß dem Unionsrecht so konserviert, dass sie zwischen der Versendung und dem Eintreffen im Bestimmungsbetrieb nicht verderben können;

II.1.9. im Fall von Rohmaterial für die Herstellung von Heimtierfutter, das von Tieren stammt, die mit bestimmten gemäß der Richtlinie 96/22/EG verbotenen Stoffen behandelt wurden, und dessen Einfuhr gemäß Artikel 35 Buchstabe a Ziffer ii der Verordnung (EG) Nr. 1069/2009 gestattet ist:

a) Es wurde im Drittland vor dem Eingang in die Union mit einem Kreuz aus verflüssigter Holzkohle oder Aktivkohle auf jeder Außenseite jedes Eisblocks oder, wenn das Rohmaterial in Paletten transportiert wird, die während des Transports zur Tierfutteranlage am Bestimmungsort nicht in Einzelsendungen unterteilt werden, auf jeder Außenseite der Palette so gekennzeichnet, dass mindestens 70 % der Diagonale des Eisblocks abgedeckt sind und das Kreuz mindestens 10 cm breit ist,

LAND		Tierische Nebenprodukte zur Verwendung bei der Herstellung von Heimtierfutter	
II.	Gesundheitsinformationen	II.a. Bezugsnr. der Bescheinigung	II.b.

b) soweit das Rohmaterial nicht tiefgefroren ist, wurde es im Drittland vor dem Eingang in das Gebiet der Union durch Besprühen mit verflüssigter Holzkohle oder durch Aufbringen von Holzkohle in Pulverform so gekennzeichnet, dass die Aktivkohle auf dem Material deutlich sichtbar ist, und

c) bestehen die tierischen Nebenprodukte aus Rohmaterial, das wie oben beschrieben behandelt wurde, sowie aus anderem, nicht behandeltem Rohmaterial, so wurden alle Rohmaterialien der Sendung gemäß den Buchstaben a und b gekennzeichnet.

(2) (4) [II.2. **Besondere Anforderungen**

(2) (5) II.2.1. Die Nebenprodukte in dieser Sendung stammen von Tieren, die in dem unter II.1.2 genannten Gebiet gehalten wurden, in dem Impfprogramme gegen Maul- und Klauenseuche bei Rindern regelmäßig durchgeführt und amtlich überwacht werden.

(2) (6) II.2.2. Die Nebenprodukte in dieser Sendung bestehen ausschließlich aus tierischen Nebenprodukten, die von zugerichteten Innereien von Hauswiederkäuern stammen, die bei einer Umgebungstemperatur von mehr als + 2°C mindestens drei Stunden bzw. im Falle der Kaumuskulatur von Rindern und entbeintem Fleisch von Haustieren mindestens 24 Stunden gereift sind.]

II.3.

(2) *entweder* [das Produkt enthält weder spezifiziertes Risikomaterial im Sinne des Anhangs V der Verordnung (EG) Nr. 999/2001 des Europäischen Parlaments und des Rates (7) noch Separatorenfleisch von Knochen von Rindern, Schafen oder Ziegen und wurde auch nicht aus solchem Material oder solchem Fleisch gewonnen, und die Tiere, von denen dieses Produkt stammt, wurden weder nach Betäubung durch Gasinjektion in die Schädelhöhle geschlachtet noch nach demselben Verfahren getötet und wurden auch nicht durch Zerstörung von zentralem Nervengewebe durch Einführung eines konischen Stahlstabs in die Schädelhöhle geschlachtet;]

(2) *oder* [das Produkt enthält ausschließlich Material bzw. wurde ausschließlich hergestellt aus Material von Rindern, Schafen oder Ziegen, die in einem Land oder einem Gebiet geboren, ununterbrochen aufgezogen und geschlachtet wurden, das mit einer Entscheidung nach Artikel 5 Absatz 2 der Verordnung (EG) Nr. 999/2001 als Land bzw. Gebiet mit vernachlässigbarem BSE-Risiko eingestuft worden ist;]

II.4. außerdem gilt in Bezug auf TSE:

(2) *entweder* [Im Falle tierischer Nebenprodukte, die zur Fütterung von Wiederkäuern bestimmt sind und Milch oder Milcherzeugnisse von Schafen oder Ziegen enthalten, wurden die Schafe und Ziegen, von denen die Produkte gewonnen wurden, seit ihrer Geburt oder in den letzten drei Jahren ununterbrochen in einem Betrieb gehalten, für den kein amtliches Verbringungsverbot aufgrund eines TSE-Verdachts gilt und der seit drei Jahren folgende Anforderungen erfüllt:

i) er wird regelmäßig amtlichen Veterinärkontrollen unterzogen;

ii) es wurde kein Fall der klassischen Traberkrankheit/Scrapie im Sinne des Anhangs I Nummer 2 Buchstabe g der Verordnung (EG) Nr. 999/2001 festgestellt, oder nach Bestätigung eines Falls der klassischen Traberkrankheit/Scrapie

— wurden alle Tiere, bei denen die klassische Traberkrankheit/Scrapie bestätigt wurde, getötet und beseitigt und

— wurden alle Schafe und Ziegen des Betriebs getötet und beseitigt, mit Ausnahme der männlichen Zuchttiere des Genotyps ARR/ARR und der weiblichen Zuchttiere mit mindestens einem ARR-Allel und ohne VRQ-Allel;

iii) Schafe und Ziegen, mit Ausnahme von Schafen des Prion-Genotyps ARR/ARR, werden in den Betrieb nur dann aufgenommen, wenn sie von einem Betrieb stammen, der die in den Ziffern i und ii genannten Anforderungen erfüllt.]

(2) *oder* [im Fall tierischer Nebenprodukte, die zur Fütterung von Wiederkäuern und für einen im Anhang der Verordnung (EG) Nr. 546/2006 der Kommission (8) aufgeführten Mitgliedstaat bestimmt sind und Milch oder Milcherzeugnisse von Schafen oder Ziegen enthalten, wurden die Schafe und Ziegen, von denen die Produkte gewonnen wurden, seit ihrer Geburt oder in den letzten sieben Jahren ununterbrochen in einem Betrieb gehalten, für den kein amtliches Verbringungsverbot aufgrund eines TSE-Verdachts gilt und der seit sieben Jahren folgende Anforderungen erfüllt:

i) er wird regelmäßig amtlichen Veterinärkontrollen unterzogen;

ii) es wurde kein Fall der klassischen Traberkrankheit/Scrapie im Sinne des Anhangs I Nummer 2 Buchstabe g der Verordnung (EG) Nr. 999/2001 festgestellt, oder nach Bestätigung eines Falls der klassischen Traberkrankheit/Scrapie

— wurden alle Tiere, bei denen die klassische Traberkrankheit/Scrapie bestätigt wurde, getötet und beseitigt und

— wurden alle Schafe und Ziegen des Betriebs getötet und beseitigt, mit Ausnahme der männlichen Zuchttiere des Genotyps ARR/ARR und der weiblichen Zuchttiere mit mindestens einem ARR-Allel und ohne VRQ-Allel;

iii) Schafe und Ziegen, mit Ausnahme von Schafen des Prion-Genotyps ARR/ARR, werden in den Betrieb nur dann aufgenommen, wenn sie von einem Betrieb stammen, der die in den Ziffern i und ii genannten Anforderungen erfüllt.]

LAND		Tierische Nebenprodukte zur Verwendung bei der Herstellung von Heimtierfutter	
II.	**Gesundheitsinformationen**	II.a. Bezugsnr. der Bescheinigung	II.b.

Erläuterungen

Teil I:

— Feld I.6 (In der Europäischen Union für die Sendung verantwortliche Person): Dieses Feld ist nur bei Durchfuhrwaren auszufüllen; bei Einfuhrwaren kann es ausgefüllt werden.

— Feld I.12 (Bestimmungsort): Dieses Feld ist nur bei Durchfuhrwaren auszufüllen. Die Durchfuhrwaren dürfen ausschließlich in Freizonen, Freilagern und Zolllagern gelagert werden.

— Feld I.15: Zulassungsnummer (Eisenbahnwaggon/Container und LKW), Flugnummer (Flugzeug) oder Name (Schiff) angeben; diese Angaben sind im Fall des Entladens und Umladens zu machen.

— Feld I.19: Wählen Sie den entsprechenden HS-Code: 05.11.91 oder 05.11.99.

— Feld I.23: Im Falle der Beförderung in Massencontainern sind die Containernummer und (ggf.) die Plombennummer anzugeben.

— Feld I.25: Technische Verwendung: Jede andere Verwendung außer als Tierfutter.

— Felder I.26 und I.27: Machen Sie die entsprechenden Angaben je nachdem, ob es sich um eine Durchfuhr- oder eine Einfuhrbescheinigung handelt.

— Feld I.28: Herstellungsbetrieb: Geben Sie die Veterinärkontrollnummer des zugelassenen Betriebes an;

Teil II:

([1a]) ABl. L 300 vom 14.11.2009, S. 1.

([1b]) ABl. L 54 vom 26.2.2011, S. 1.

([1c]) Bezeichnung und ISO-Code des ausführenden Landes gemäß

— Anhang II Teil 1 der Verordnung (EU) Nr. 206/2010;

— dem Anhang der Verordnung (EG) Nr. 798/2008; und

— dem Anhang der Verordnung (EG) Nr. 119/2009.

Zusätzlich sollte (soweit für die betreffenden empfänglichen Tierarten zutreffend) der ISO-Regionalisierungscode angegeben werden.

([1d]) Nur für Länder, aus denen die Einfuhr von zum menschlichen Verzehr bestimmtem Wildfleisch derselben Tierart in die Europäische Union zugelassen ist.

([2]) Nichtzutreffendes streichen.

([3]) Mit Ausnahme von Rohblut, Rohmilch, Häuten, Hufen und Hörnern, Schweinsborsten und Federn (siehe die einschlägigen Bescheinigungen für die Einfuhr dieser Erzeugnisse).

([4]) Zusätzliche Garantien sind erforderlich, wenn das Material von Hauswiederkäuern aus dem Gebiet eines südamerikanischen oder südafrikanischen Landes oder eines Teils davon stammt, aus dem ausschließlich zum menschlichen Verzehr bestimmtes gereiftes, entbeintes frisches Fleisch von Hauswiederkäuern in die Europäische Union ausgeführt werden darf. Ganze Kaumuskeln, gemäß Anhang I Abschnitt IV Kapitel I Teil B Nummer 1 der Verordnung (EG) Nr. 854/2004 des Europäischen Parlaments und des Rates (ABl. L 139 vom 30.4.2004, S. 206) angeschnitten, sind ebenfalls zulässig.

([5]) Nur für bestimmte südamerikanische Länder.

([6]) Nur für bestimmte südamerikanische und südafrikanische Länder.

([7]) ABl. L 147 vom 31.5.2001, S. 1.

([8]) ABl. L 94 vom 1.4.2006, S. 28.

LAND		Tierische Nebenprodukte zur Verwendung bei der Herstellung von Heimtierfutter	
II.	**Gesundheitsinformationen**	II.a. Bezugsnr. der Bescheinigung	II.b.

— Unterschrift und Stempel müssen sich farblich von der Druckfarbe der Bescheinigung unterscheiden.

— Hinweis für die in der Europäischen Union für die Sendung verantwortliche Person: Diese Bescheinigung dient ausschließlich Veterinärzwecken und muss die Sendung bis zur Grenzkontrollstelle begleiten.

Amtlicher Tierarzt/Amtliche Tierärztin bzw. amtlicher Inspektor/amtliche Inspektorin

Name (in Großbuchstaben): Qualifikation und Amtsbezeichnung:

Datum: Unterschrift:“

Stempel:

3) Kapitel 8 erhält folgende Fassung:

„KAPITEL 8

Veterinärbescheinigung

für die Einfuhr in oder die Durchfuhr durch (2) die Europäische Union von tierischen Nebenprodukten zur Verwendung außerhalb der Futtermittelkette oder als Handelsmuster (2)

LAND **Veterinärbescheinigung für die Einfuhr in die EU**

Teil I: Angaben zur Sendung

I.1. Absender Name Anschrift Tel.	I.2. Bezugsnr. der Bescheinigung | I.2.a. I.3. Zuständige oberste Behörde I.4. Zuständige örtliche Behörde
I.5. Empfänger Name Anschrift Postleitzahl Tel.	I.6. In der EU für die Sendung verantwortliche Person Name Anschrift Postleitzahl Tel.
I.7. Ursprungsland ISO-Code | I.8. Ursprungsregion Code	I.9. Bestimmungsland ISO-Code | I.10. Bestimmungsregion Code
I.11. Ursprungsort Name Zulassungsnummer Anschrift Name Zulassungsnummer Anschrift Name Zulassungsnummer Anschrift	I.12. Bestimmungsort Name Zolllager ☐ Anschrift Zulassungsnummer Postleitzahl
I.13. Verladeort	I.14. Datum des Abtransports
I.15. Transportmittel Flugzeug ☐ Schiff ☐ Eisenbahnwaggon ☐ Straßenfahrzeug ☐ Sonstige ☐ Identifikation Bezugsdokumente	I.16. Eingangsgrenzkontrollstelle I.17.
I.18. Beschreibung der Ware	I.19. Warencode (HS-Code) I.20. Menge
I.21. Erzeugnistemperatur Umgebungstemperatur ☐ Gekühlt ☐ Gefroren ☐	I.22. Anzahl Packstücke
I.23. Plomben-/Containernummer	I.24. Art der Verpackung
I.25. Waren zertifiziert für Technische Verwendung ☐	
I.26. Für Durchfuhr durch die EU in ein Drittland ☐ Drittland ISO-Code	I.27. Für Einfuhr in die EU oder Zulassung ☐

I.28. Kennzeichnung der Waren

Art (Wissenschaftliche Bezeichnung)	Art der Ware	Zulassungsnummer des Betriebs Herstellungsbetrieb	Anzahl Packstücke	Nettogewicht	Chargennummer

LAND

Tierische Nebenprodukte zur Verwendung außerhalb der Futtermittelkette oder als Handelsmuster ([2])

Teil II: Bescheinigung

II. **Gesundheitsinformationen**	II.a. Bezugsnr. der Bescheinigung	II.b.

Der unterzeichnete amtliche Tierarzt/Die unterzeichnete amtliche Tierärztin bescheinigt in Kenntnis der Verordnung (EG) Nr. 1069/2009 des Europäischen Parlaments und des Rates ([1a]) und der Verordnung (EU) Nr. 142/2011 der Kommission ([1b]), insbesondere des Anhangs XIV Kapitel II, dass die vorstehend bezeichneten tierischen Nebenprodukte folgende Bedingungen erfüllen:

([2]) II.1. Es handelt sich um Handelsmuster, die aus tierischen Nebenprodukten bestehen, für besondere Untersuchungen oder Analysen gemäß Definition 39 in Anhang I der Verordnung (EU) Nr. 142/2011 der Kommission bestimmt sind und die Kennzeichnung „HANDELSMUSTER, NICHT ZUM MENSCHLICHEN VERZEHR BESTIMMT" tragen; oder

([2]) II.2. sie erfüllen die nachstehenden Tiergesundheitsanforderungen:

II.2.1. Sie wurden

([2]) *entweder* [a) aus Materialien gewonnen, die aus einem für die Ausfuhr frischen Fleisches der betreffenden Tierart in die EU zugelassenem Drittland, Drittlandgebiet oder Teil eines Drittlandsgebiets .... ([3]) eingeführt wurden,

([2]) *und/oder* [b) in dem Ausfuhrland, Gebiet oder Teil des Gebiets .... ([3]) von Tieren gewonnen, die

entweder

i) seit der Geburt oder mindestens während der letzten drei Monate vor der Schlachtung in diesem Gebiet oder in einem Gebiet lebten, aus dem die Ausfuhr frischen Fleisches der betreffenden Tierart in die EU zulässig ist; und/oder

ii) als freilebendes Wild in diesem Gebiet getötet wurden ([4]);]

([2]) *und/oder* [c) aus Eiern, Milch, Nagetieren, Hasenartigen, Wassertieren oder von wirbellosen Wasser- oder Landtieren gewonnen.]

II.2.2. ([2]) Falls die Materialien nicht aus Eiern, Milch, Nagetieren, Hasenartigen, Wassertieren oder von wirbellosen Wasser- oder Landtieren gewonnen wurden, wurden sie von Tieren gewonnen,

([2]) *entweder* [a) die aus Betrieben stammen,

i) in denen keine Fälle/Ausbrüche der nachstehenden Krankheiten, für die die Tiere empfänglich sind, aufgetreten sind: während der letzten 30 Tage Rinderpest, vesikuläre Schweinekrankheit, Newcastle-Krankheit oder hochpathogene Aviäre Influenza bzw. während der letzten 40 Tage klassische oder afrikanische Schweinepest; wobei diese Krankheiten auch in den Betrieben in einem Umkreise von 10 km in den letzten 30 Tagen nicht aufgetreten sind, und

ii) in denen während der vorangegangenen 60 Tage keine Fälle/Ausbrüche von Maul- und Klauenseuche aufgetreten sind, wobei diese Krankheit auch in den Betrieben in einem Umkreis von 25 km in den letzten 30 Tagen nicht aufgetreten ist, und

b) die

i) nicht im Rahmen eines Seuchentilgungsprogramms getötet wurden;

ii) mindestens 40 Tage vor der Versendung im Ursprungsbetrieb waren und ohne Kontakt mit anderen Tieren, die nicht denselben Gesundheitsbedingungen unterlagen, direkt zum Schlachthof befördert wurden;

iii) im Schlachthof in den letzten 24 Stunden vor der Schlachtung der Schlachttieruntersuchung unterzogen wurden und dabei keine Anzeichen der oben genannten Krankheiten, für die die Tiere empfänglich sind, zeigten, und

iv) im Schlachthof vor und zum Zeitpunkt der Schlachtung oder Tötung gemäß den einschlägigen Bestimmungen des Unionsrechts behandelt wurden und Anforderungen entsprachen, die den in den Kapiteln II und III der Verordnung (EG) Nr. 1099/2009 des Rates festgelegten Anforderungen mindestens gleichwertig sind;]

([2]) *oder* [a) die als freilebendes Wild gefangen und getötet wurden in einem Gebiet,

i) in dem in einem Umkreis von 25 km keine Fälle/Ausbrüche der nachstehenden Krankheiten, für die die Tiere empfänglich sind, aufgetreten sind: während der letzten 30 Tage Maul- und Klauenseuche, Rinderpest, Newcastle-Krankheit oder hochpathogene Aviäre Influenza bzw. während der letzten 40 Tage klassische oder afrikanische Schweinepest, und

ii) das in einer Entfernung von mehr als 20 km zur Grenze mit einem anderen Land oder Gebiet eines Landes liegt, das zu den genannten Zeitpunkten nicht über eine Genehmigung zur Ausfuhr dieses Materials in die Europäische Union verfügt, und

b) nach der Tötung innerhalb von 12 Stunden zur Kühlung entweder zu einer Sammelstelle und unmittelbar danach zu einem Wildverarbeitungsbetrieb oder direkt zu einem Wildverarbeitungsbetrieb befördert wurden.]

LAND		Tierische Nebenprodukte zur Verwendung außerhalb der Futtermittelkette oder als Handelsmuster (2)	
II.	**Gesundheitsinformationen**	II.a. Bezugsnr. der Bescheinigung	II.b.

II.2.3. (2) Falls es sich nicht um Materialien handelt, die von Fischen oder Wirbellosen aus Wildfang gewonnen wurden, wurden sie in einem Betrieb gewonnen, um den herum in einem Umkreis von 10 km in den letzten 30 Tagen kein Fall/Ausbruch der unter II.2.2. genannten Krankheiten, für die die Tiere empfänglich sind, aufgetreten ist, oder für den, falls eine solche Krankheit aufgetreten ist, die Verarbeitung von Rohmaterial zur Ausfuhr in die Europäische Union nur nach Entfernung allen Fleischs und der vollständigen Reinigung und Desinfizierung des Betriebs unter Aufsicht eines amtlichen Tierarztes genehmigt wurde.

II.2.4. Sie wurden gewonnen und verarbeitet, ohne in Berührung mit anderem Material zu kommen, das nicht den vorstehend genannten Vorschriften entspricht, und bei der Handhabung wurde eine Kontamination mit Krankheitserregern vermieden.

II.2.5. Sie wurden in neuen lecksicheren Verpackungen oder in Verpackungen, die vor der Verwendung gereinigt und desinfiziert wurden, und, falls die Sendungen nicht per Paketpost verschickt werden, in amtlich versiegelten Behältern verpackt, die die Aufschrift „TIERISCHE NEBENPRODUKTE AUSSCHLIESSLICH ZUR HERSTELLUNG VON FOLGEPRODUKTEN ZUR VERWENDUNG AUSSERHALB DER FUTTERMITTELKETTE" sowie den Namen und die Anschrift des Bestimmungsbetriebs in der EU tragen.

II.2.6. Sie bestehen ausschließlich aus folgenden tierischen Nebenprodukten:

(2) *entweder* [- Schlachtkörper und Teile von geschlachteten Tieren oder im Fall von Wild, ganze Körper oder Teile von toten Tieren, die gemäß den Vorschriften der Union genusstauglich, jedoch aus kommerziellen Gründen nicht zum menschlichen Verzehr bestimmt sind;]

(2) *und/oder* [- Schlachtkörper und folgende Teile, die entweder von Tieren stammen, die in einem Schlachthof geschlachtet und nach einer Schlachttieruntersuchung als zum menschlichen Verzehr schlachttauglich eingestuft wurden oder ganze Körper und folgende Tierteile, die von Wild stammen, das gemäß den Vorschriften der Union zum menschlichen Verzehr getötet wurde:

i) Schlachtkörper oder ganze Körper und Teile von Tieren, die gemäß den Vorschriften der Union als genussuntauglich zurückgewiesen wurden, jedoch keine Anzeichen von auf Mensch oder Tier übertragbaren Krankheiten aufwiesen;

ii) Geflügelköpfe;

iii) Häute und Felle, einschließlich Zuputzabschnitte und Spalt; Hörner und Füße, einschließlich Zehenknochen sowie Carpus- und Metacarpusknochen, Tarsus- und Metatarsusknochen;

iv) Schweinsborsten;

v) Federn;]

(2) *und/oder* [- tierische Nebenprodukte von Geflügel und Hasenartigen, die gemäß Artikel 1 Absatz 3 Buchstabe d der Verordnung (EG) Nr. 853/2004 in einem landwirtschaftlichen Betrieb geschlachtet wurden und die keine Anzeichen von auf Mensch oder Tier übertragbaren Krankheiten aufwiesen;]

(2) *und/oder* [- Blut von Tieren, die keine Anzeichen einer durch Blut auf Mensch oder Tier übertragbaren Krankheit aufwiesen, von Tieren außer Wiederkäuern, die in einem Schlachthof geschlachtet wurden, nachdem sie nach einer Schlachttieruntersuchung gemäß dem Unionsrecht als zum menschlichen Verzehr schlachttauglich eingestuft wurden;]

(2) *und/oder* [- tierische Nebenprodukte, die bei der Gewinnung von für den menschlichen Verzehr bestimmten Produkten angefallen sind, einschließlich entfetteter Knochen und Grieben und Zentrifugen- oder Separatorenschlamm aus der Milchverarbeitung;]

(2) *und/oder* [- Erzeugnisse tierischen Ursprungs oder Lebensmittel, die Produkte tierischen Ursprungs enthalten, die aus kommerziellen Gründen oder aufgrund von Herstellungs- oder Verpackungsmängeln oder Mängeln, von denen keine Gefahr für die Gesundheit von Mensch oder Tier ausgeht, nicht mehr zum menschlichen Verzehr bestimmt sind;]

(2) *und/oder* [- Heimtierfutter und Futtermittel tierischen Ursprungs oder Futtermittel, die tierische Nebenprodukte oder Folgeprodukte enthalten, die aus kommerziellen Gründen oder aufgrund von Herstellungs- oder Verpackungsmängeln oder anderen Mängeln, von denen keine Gefahr für die Gesundheit von Mensch oder Tier ausgeht, nicht mehr für die Fütterung bestimmt sind;]

(2) *und/oder* [- Blut, Plazenta, Wolle, Federn, Haare, Hörner, Abfall vom Hufausschnitt und Rohmilch von lebenden Tieren, die keine Anzeichen von durch dieses Produkt auf Mensch oder Tier übertragbaren Krankheiten aufwiesen;]

(2) *und/oder* [- Wassertiere außer Meeressäugetiere, und Teile von solchen, die keine Anzeichen einer auf Mensch oder Tier übertragbaren Krankheit aufwiesen;]

(2) *und/oder* [- tierische Nebenprodukte von Wassertieren aus Betrieben oder Anlagen, die Erzeugnisse zum menschlichen Verzehr herstellen;]

LAND		Tierische Nebenprodukte zur Verwendung außerhalb der Futtermittelkette oder als Handelsmuster (2)	
II.	**Gesundheitsinformationen**	II.a. Bezugsnr. der Bescheinigung	II.b.

(2) *und/oder* [- folgendes Material von Tieren, die keine Anzeichen von durch dieses Material auf Mensch oder Tier übertragbaren Krankheiten aufwiesen:

i) Schalen von Weich- und Krebstieren mit weichem Gewebe oder Fleisch;

ii) folgendes Material von Landtieren:

— Brütereinebenprodukte,

— Eier;

— Ei-Nebenprodukte, einschließlich Eierschalen,

iii) aus kommerziellen Gründen getötete Eintagsküken;]

(2) *und/oder* [- tierische Nebenprodukte von wirbellosen Wasser- oder Landtieren, ausgenommen für Mensch oder Tier krankheitserregende Arten;]

(2) *und/oder* [- Tieren und Teilen von Tieren der zoologischen Ordnungen Rodentia und Hasenartige, außer Material der Kategorie 1 gemäß Artikel 8 Buchstabe a Ziffern iii, iv und v der Verordnung (EG) Nr. 1069/2009 und Material der Kategorie 2 gemäß Artikel 9 Buchstaben a bis g der genannten Verordnung;]

(2) *und/oder* [- Pelz von toten Tieren, die keine klinischen Anzeichen einer über dieses Erzeugnis auf Mensch oder Tier übertragbaren Krankheit zeigten.]

II.2.7. Sie wurden im Ursprungsbetrieb tiefgefroren oder gemäß dem Unionsrecht so konserviert, dass sie zwischen der Versendung und dem Eintreffen im Bestimmungsbetrieb nicht verderben können.

(2) (5) [II.2.8. **Besondere Anforderungen**

(2) (6) II.2.8.1. Die Nebenprodukte in dieser Sendung stammen von Tieren, die in dem unter II.2.1 genannten Gebiet gehalten wurden, in dem Impfprogramme gegen Maul- und Klauenseuche bei Rindern regelmäßig durchgeführt und amtlich überwacht werden.

(2) (7) II.2.8.2. Die Nebenprodukte in dieser Sendung bestehen aus tierischen Nebenprodukten, die aus Innereien oder entbeintem Fleisch gewonnen wurden.]

II.2.9.

(2) *entweder* [Das Produkt enthält weder spezifiziertes Risikomaterial im Sinne des Anhangs V der Verordnung (EG) Nr. 999/2001 des Europäischen Parlaments und des Rates (8) noch Separatorenfleisch von Knochen von Rindern, Schafen oder Ziegen und wurde auch nicht aus solchem Material oder solchem Fleisch gewonnen, und die Tiere, von denen dieses Produkt stammt, wurden weder nach Betäubung durch Gasinjektion in die Schädelhöhle geschlachtet noch nach demselben Verfahren getötet und wurden auch nicht durch Zerstörung von zentralem Nervengewebe durch Einführung eines konischen Stahlstabs in die Schädelhöhle geschlachtet.]

(2) *oder* [Das Produkt enthält ausschließlich Material bzw. wurde ausschließlich hergestellt aus Material von Rindern, Schafen oder Ziegen, die in einem Land oder einem Gebiet geboren, ununterbrochen aufgezogen und geschlachtet wurden, das mit einer Entscheidung nach Artikel 5 Absatz 2 der Verordnung (EG) Nr. 999/2001 als Land bzw. Gebiet mit vernachlässigbarem BSE-Risiko eingestuft worden ist.]

II.2.10. Außerdem gilt in Bezug auf TSE:

(2) *entweder* [Im Fall tierischer Nebenprodukte, die zur Fütterung von Wiederkäuern bestimmt sind und Milch oder Milcherzeugnisse von Schafen oder Ziegen enthalten, wurden die Schafe und Ziegen, von denen die Produkte gewonnen wurden, seit ihrer Geburt oder in den letzten drei Jahren ununterbrochen in einem Betrieb gehalten, für den kein amtliches Verbringungsverbot aufgrund eines TSE-Verdachts gilt und der seit drei Jahren folgende Anforderungen erfüllt:

i) er wird regelmäßig amtlichen Veterinärkontrollen unterzogen;

ii) es wurde kein Fall der klassischen Traberkrankheit/Scrapie im Sinne des Anhangs I Nummer 2 Buchstabe g der Verordnung (EG) Nr. 999/2001 festgestellt, oder nach Bestätigung eines Falls der klassischen Traberkrankheit/Scrapie

— wurden alle Tiere, bei denen die klassische Traberkrankheit/Scrapie bestätigt wurde, getötet und beseitigt und

— wurden alle Schafe und Ziegen des Betriebs getötet und beseitigt, mit Ausnahme der männlichen Zuchttiere des Genotyps ARR/ARR und der weiblichen Zuchttiere mit mindestens einem ARR-Allel und ohne VRQ-Allel;

iii) Schafe und Ziegen, mit Ausnahme von Schafen des Prion-Genotyps ARR/ARR, werden in den Betrieb nur dann aufgenommen, wenn sie von einem Betrieb stammen, der die in den Ziffern i und ii genannten Anforderungen erfüllt.]

LAND		Tierische Nebenprodukte zur Verwendung außerhalb der Futtermittelkette oder als Handelsmuster (2)	
II.	**Gesundheitsinformationen**	II.a. Bezugsnr. der Bescheinigung	II.b.

(2) *oder* [Im Fall tierischer Nebenprodukte, die zur Fütterung von Wiederkäuern und für einen im Anhang der Verordnung (EG) Nr. 546/2006 der Kommission (9) aufgeführten Mitgliedstaat bestimmt sind und Milch oder Milcherzeugnisse von Schafen oder Ziegen enthalten, wurden die Schafe und Ziegen, von denen die Produkte gewonnen wurden, seit ihrer Geburt oder in den letzten sieben Jahren ununterbrochen in einem Betrieb gehalten, für den kein amtliches Verbringungsverbot aufgrund eines TSE-Verdachts gilt und der seit sieben Jahren folgende Anforderungen erfüllt:

i) er wird regelmäßig amtlichen Veterinärkontrollen unterzogen;

ii) es wurde kein Fall der klassischen Traberkrankheit/Scrapie im Sinne des Anhangs I Nummer 2 Buchstabe g der Verordnung (EG) Nr. 999/2001 festgestellt, oder nach Bestätigung eines Falls der klassischen Traberkrankheit/Scrapie

— wurden alle Tiere, bei denen die klassische Traberkrankheit/Scrapie bestätigt wurde, getötet und beseitigt und

— wurden alle Schafe und Ziegen des Betriebs getötet und beseitigt, mit Ausnahme der männlichen Zuchttiere des Genotyps ARR/ARR und der weiblichen Zuchttiere mit mindestens einem ARR-Allel und ohne VRQ-Allel;

iii) Schafe und Ziegen, mit Ausnahme von Schafen des Prion-Genotyps ARR/ARR, werden in den Betrieb nur dann aufgenommen, wenn sie von einem Betrieb stammen, der die in den Ziffern i und ii genannten Anforderungen erfüllt.]

Erläuterungen

Teil I:

— Feld I.6 (In der Europäischen Union für die Sendung verantwortliche Person): Dieses Feld ist nur bei Durchfuhrwaren auszufüllen; bei Einfuhrwaren kann es ausgefüllt werden.

— Feld I.11 Im Falle von Sendungen für spezifische technische Untersuchungen oder Analysen: Nur Namen und Anschrift des Betriebs angeben.

— Felder I.11 und I.12: Zulassungsnummer: Registrierungsnummer des Betriebs oder der Anlage, erteilt von der zuständigen Behörde.

— Feld I.12 (Bestimmungsort): Diese Feld ausfüllen für:

— Produkte zur Herstellung von Folgeprodukten für die Verwendung außerhalb der Futtermittelkette: nur wenn es sich um eine Bescheinigung für die Durchfuhr von Waren handelt. Durchfuhrwaren dürfen ausschließlich in Freizonen, Freilagern und Zolllagern gelagert werden.

— Produkte für spezifische technische Untersuchungen oder Analysen: gegebenenfalls die in der von der zuständigen Behörde ausgestellten Zulassung genannte Anlage in der EU.

— Feld I.15 Zulassungsnummer (Eisenbahnwaggons/Container und LKW), Flugnummer (Flugzeug) oder Namen (Schiff) angeben. Im Fall des Entladens und Umladens muss der Absender die Eingangsgrenzkontrollstelle darüber informieren.

— Feld I.19 Den betreffenden HS-Code angeben: 05.11.91, 05.11.99 oder 30.01.

— Feld I.23 Im Falle der Beförderung in Massencontainern sind die Containernummer und (ggf.) die Plombennummer anzugeben.

— Feld I.25: Technische Verwendung: Jede andere Verwendung außer als Tierfutter.

— Feld I.25: Für die Zwecke der Bescheinigung umfasst „technische Verwendung" auch die Verwendung als Handelsmuster.

— Felder I.26 und I.27: Außer für Handelsmuster, die nicht zur Durchfuhr versandt werden, bitte angeben, ob es sich um eine Durchfuhr- oder Einfuhrbescheinigung handelt.

— Feld I.28:

— Produkte zur Herstellung von Folgeprodukten für die Verwendung außerhalb der Futtermittelkette: Herstellungsbetrieb: Geben Sie die Veterinärkontrollnummer des zugelassenen Betriebes an;

— Produkte für spezifische technische Untersuchungen oder Analysen: gegebenenfalls die in der von der zuständigen Behörde ausgestellten Zulassung genannte Anlage in der EU.

— Art: bitte auswählen: Aves, Ruminantia, Mammalia außer Ruminantia, Pesca, Mollusca, Crustacea, Invertebrata.

LAND	Tierische Nebenprodukte zur Verwendung außerhalb der Futtermittelkette oder als Handelsmuster (2)	
II. **Gesundheitsinformationen**	II.a. Bezugsnr. der Bescheinigung	II.b.

Teil II

(1a) ABl. L 300 vom 14.11.2009, S. 1.

(1b) ABl. L 54 vom 26.2.2011, S. 1.

(2) Nichtzutreffendes streichen.

(3) Bezeichnung und ISO-Code des ausführenden Landes gemäß

— Anhang II Teil 1 der Verordnung (EU) Nr. 206/2010;

— dem Anhang der Verordnung (EG) Nr. 798/2008; und

— dem Anhang der Verordnung (EG) Nr. 119/2009.

Zusätzlich sollte (soweit für die betreffenden empfänglichen Tierarten zutreffend) der ISO-Regionalisierungscode bzw. der Code des Gebietsteils angegeben werden, der in der in dieser Fußnote genannten Verordnung aufgeführt ist.

(4) Nur für Länder, aus denen die Einfuhr von zum menschlichen Verzehr bestimmtem Wildfleisch derselben Tierart in die Europäische Union zugelassen ist.

(5) Zusätzliche Garantien sind erforderlich, wenn das Material von Hauswiederkäuern aus dem Gebiet eines südamerikanischen oder südafrikanischen Landes oder eines Teils davon stammt, aus dem ausschließlich zum menschlichen Verzehr bestimmtes gereiftes, entbeintes frisches Fleisch von Hauswiederkäuern in die Europäische Union ausgeführt werden darf. Ganze Kaumuskeln, gemäß Anhang I Abschnitt IV Kapitel I Teil B Nummer 1 der Verordnung (EG) Nr. 854/2004 des Europäischen Parlaments und des Rates angeschnitten, sind ebenfalls zulässig.

(6) Nur für bestimmte südamerikanische Länder.

(7) Nur für bestimmte südamerikanische und südafrikanische Länder.

(8) ABl. L 147 vom 31.5.2001, S. 1.

(9) ABl. L 94 vom 1.4.2006, S. 28.

— Unterschrift und Stempel müssen sich farblich von der Druckfarbe der Bescheinigung unterscheiden.

— Hinweis für die in der Europäischen Union für die Sendung verantwortliche Person: Diese Bescheinigung dient ausschließlich Veterinärzwecken und muss die Sendung bis zur Grenzkontrollstelle begleiten.

Amtlicher Tierarzt/Amtliche Tierärztin bzw. amtlicher Inspektor/amtliche Inspektorin

Name (in Großbuchstaben): Qualifikation und Amtsbezeichnung:

Datum: Unterschrift:“

Stempel: